RED. :

26

graphicom

MIRE ISO N° 1
NF Z 43-
AFNOR
92080 PARIS LA DÉFENSE

22 Mai 1913

Coll. John Ball

P.

double

Collection JOHN BALLI, de Londres

TABLEAUX MODERNES

AQUARELLES & PASTELS

Carte d'Entrée à l'Exposition Particulière

GALERIE GEORGES PETIT, 8, rue de Sèze

Le Lundi 20 Mai 1918, de 1 heure à 6 heures

M. F. LAIR-DUBREUIL | M. HENRI BAUDOIN

M. GEORGES PETIT | M. JEAN MANCINI

COLLECTION JOHN BALLI
DE LONDRES

TABLEAUX MODERNES.

Total de la vente

1078.050.

CONDITIONS DE LA VENTE

Elle sera faite au comptant.

Les acquéreurs paieront *dix pour cent* en sus des enchères.

Paris. — Imprimerie Georges Petit, 12, rue Godot-de-Mauroi. — 22 929-13.

Collection JOHN BALLI, de Londres

CATALOGUE

DES

IMPORTANTS

Tableaux Modernes

AQUARELLES & PASTELS

PAR

BONHEUR (ROSA), COROT, DAUBIGNY (CH.)
DELACROIX (EUG.), DIAZ (N.), HARPIGNIES, ISABEY (E.)
LHERMITTE (LÉON), ROUSSEAU (TH.), SCHREYER, TROYON (C.)
VEYRASSAT, VAN MARCKE, WHISTLER

Importante aquarelle de MEISSONIER, « 1807 »

DONT LA VENTE AUX ENCHÈRES PUBLIQUES AURA LIEU A PARIS

GALERIE GEORGES PETIT

8, RUE DE SÈZE, 8

Le Jeudi 22 Mai 1913, à 3 heures

COMMISSAIRES-PRISEURS

M· F. LAIR-DUBREUIL | **M HENRI BAUDOÏN**
6, rue Favart, 6 | Successeur de M· PAUL CHEVALLIER
PARIS | 10, rue Grange-Batelière, 10

EXPERTS

M. GEORGES PETIT | **M. JEAN MANCINI**
8, rue de Sèze, 8 | 7, rue Caumartin, 7

EXPOSITIONS

PARTICULIÈRE : Le Mardi 20 Mai 1913, de 1 heure 1/2 à 6 heures.
PUBLIQUE : Le Mercredi 21 Mai 1913, de 1 heure 1/2 à 6 heures.

PRÉFACE

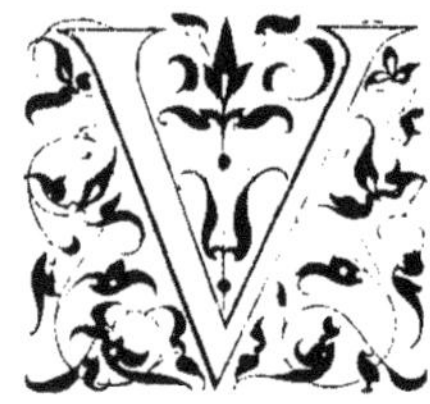
ous souvenez-vous de cette phrase de Fromentin : « A qui donc appartient notre reconnaissance ? A ce qu'il y a de plus digne, à ce qu'il y a de plus vrai ? Non. A ce qu'il y a de plus grand ? Quelquefois. A ce qu'il y a de plus beau ? Toujours. »

Je pensais ainsi en étudiant la collection de M. John Balli, ou mieux, son cabinet, car cette sélection de tableaux répond absolument à ce qu'au xviiie siècle on appelait un « cabinet ». Et devant les œuvres, si bien choisies par M. John Balli, je me sentais un sentiment de gratitude pour les peintres qui les ont créées et mon souvenir allait à ces grands artistes, à ces fiers lutteurs de l'École de 1830 qui, aujourd'hui, par un juste retour des choses d'ici-bas, nous ravissent et nous étonnent, alors qu'à leur époque leurs contemporains eussent pensé manquer d'esprit en ne les tenant point pour des incompris. Il est vrai que M. John Balli a su composer son cabinet de morceaux où la maîtrise des chefs d'école s'affirme avec une particulière splendeur.

Daubigny, Diaz, Rousseau, Troyon, Corot surtout y apparaissent avec des pages d'une indéniable beauté, des improvisations à l'éclat immuable.

Corot ! Le père Corot, comme on l'appelait, pour évoquer à

la fois le sentiment d'admiration dû à l'artiste et le sentiment de respect dû à l'homme ! Regardez *la Cueillette à Mortefontaine, le Souvenir de la Spezzia, le Chemin à Gouvieux, les Vieux Arbres au bord de l'étang, le Secret de l'Amour*, et les autres œuvres du maître qui sont plus loin décrites : ce sont des harmonies blondes qui chantent à la surface fleurie du sol, autour des arbres, dont les branches sont tantôt dépouillées, tantôt vêtues de leur parure de feuilles. Comme ils sont beaux, ces arbres ! Comme ils tendent leurs bras en capricieux réseaux, tout prêts qu'ils sont à abriter le fardeau des nids ! Savez-vous quels sont ces arbres ? à quelle essence ils appartiennent ? Qu'importe ! Corot disait lui-même qu'il ne faisait pas le portrait d'un arbre : il le prenait dans l'expression de sa ligne, dans l'ambiance qui l'enveloppait, et, comme il y avait de l'air, des frissons, de la lumière, d'infinis lointains autour de cet arbre, Corot, tout d'inspiration et de génie, mettait autour de ces arbres, ces lointains infinis, cet air, ces frissons, cette lumière. Les œuvres, dont les titres sont plus haut cités, sont là, dans leur exquise émotion, pour appuyer mon dire.

Daubigny : encore un qu'il faut saluer. Il semble que dans les deux œuvres de la collection John Balli, Daubigny ait senti le besoin de fixer sa contemplation ; d'un pinceau puissant et tendre, il a fait chanter tous les êtres de la nature ; il leur fait chanter l'hymne des tièdes apaisements sous le regard lumineux et doré du ciel.

Diaz : sa *Bûcheronne* est, dans la mesure d'un tableau de chevalet, l'admirable synthèse de toute la forêt ; le pittoresque en est rendu avec une richesse et une solidité de tons que Diaz eut à certaines heures d'impeccable inspiration, encore que sa sincérité n'aille pas sans céder un peu à l'habileté ; mais le métier est si beau, si souple en ses moyens d'expression, qu'on ne songe guère à lui reprocher d'avoir quelque peu dompté son émotion. Ce qu'il nous offre, c'est un régal que goûte le cerveau plus que le cœur ; on devine que cela est très fort sous une apparente facilité et l'on se sent porté à plus admirer le virtuose que l'artiste. Cela d'ailleurs n'est pas une critique, c'est une simple indication pour aider à mieux comprendre ce qu'a voulu Diaz dans son œuvre de paysagiste ; il est évident que la *Bûcheronne* est un tableau digne d'être admiré, mais il y a des nuances dans l'admiration. L'admiration, pour n'être point aveugle doit être objective ; elle doit discerner là où est le fait qui doit la provoquer et ce n'est qu'en analysant avec scrupule le retentissement produit par la vue d'une peinture sur notre sensibilité, que nous obtenons de découvrir le principe esthétique qui l'a créée.

La Mare à l'entrée de la forêt, de Rousseau, est aussi un chef-d'œuvre. On y découvre le sentiment de grandeur et de passion par où se révèle une œuvre du maître. La page maîtresse qui appartient à la collection de M. John Balli émane de cette émotion enthousiaste qui forçait Rousseau à rechercher non pas le fini dans la peinture, mais l'infini dans la poésie. Là où certains seraient tentés de voir de la minutie dans l'exécution, il n'y a qu'une manifestation extrême d'émotivité devant la Nature. Qu'on examine cette *Mare à l'entrée de la forêt* : Rousseau y apparaît avec ses qualités dominantes, des qualités naturelles pourrait-on dire, puisque, par un privilège rare, elles ne sont pas le résultat d'une lente conquête, mais le fait d'un tempérament doué qui les posséda dès le début. C'est une extraordinaire harmonie d'ensemble, une intelligence lucide de ce qui imprime à l'interprétation son caractère nécessairement et essentiellement agreste ; puis, lorsqu'on approfondit l'analyse, lorsqu'on s'isole sur chacun des éléments dont l'œuvre est constituée, on aperçoit des terrains d'une belle solidité, des arbres dont la structure est précise, dont les frondaisons sont modelées avec soin, des lumières qui sont distribuées avec une mesure excellemment juste, et l'on constate, par surplus, un métier précieux, rare, raisonné, mûri, d'une volonté qui sait nous donner l'apparence de surprises heureuses, et d'une fermeté de touches que le temps a consacrée, comme s'il s'agissait d'émail à la fois robuste et velouté.

N'est-ce point aussi un chef-d'œuvre que la *Mare au pied de la ferme*, de Troyon, qui montre le maître avec des qualités de paysagiste, séduisantes au possible, jointes à ses qualités fameuses d'animalier ? Mais, j'ai précisé trop nettement le génie de Troyon à l'endroit même de ce catalogue où est décrite son œuvre, pour y revenir ; et comme il faut me hâter, j'arrive sans plus tarder à Delacroix et à Meissonier.

Delacroix, dans une fanfare de couleurs, romantique au génie préparé pour l'épopée. Delacroix emprunte à l'un des feuillets les plus poignants du Nouveau Testament le sujet de sa *Mise au tombeau*, d'un art si puissant, d'une composition si étrangement belle. Il y a, en effet, une source où Delacroix, très mêlé au mouvement de la pensée de son temps, devait nécessairement puiser : c'est le sentiment religieux, c'est la source toujours utilement explorée des livres saints.

Et comment s'y prend-il ? Nous en avons le renseignement dans l'œuvre possédée par M. John Balli. Ici plus de heurts, plus d'actions brusques, qui fixent sur un seul point de l'œuvre l'attention du spectateur et le zèle de l'artiste. Dans une scène religieuse, il y a comme une symphonie légendaire qui exige de tout, des êtres et des choses, leur part d'éléments dans l'interprétation de l'épisode choisi : la mélancolie, la simple rêverie, l'humaine naïveté se communiquant à toute la nature; et le symbole exprimé doit parler dans la plantation des arbres, dans l'allure des bêtes, dans l'aspect du site entier, dans l'aspect des lumières sur l'écran du ciel, comme dans la physionomie des personnages. C'est là surtout que le peintre doit être un sensitif, s'il veut éviter la monotonie et la banalité, et je crois fermement que Delacroix était un sensitif au suprême degré; dans ses tableaux religieux, il l'a prouvé d'ailleurs surabondamment. Qu'on étudie, et l'on verra qu'avec ses qualités de primesaut, avec sa couleur vibrante, avec sa personnalité qui domine l'art de tous ses contemporains, on verra que Delacroix appartient bien à la lignée des grands peintres religieux. Ce n'est pas qu'il soit un mystique, loin de là. Son idéalité est raisonnée ; elle ne se perd pas dans le vague et repousse tout ce qui lui semblerait l'acceptation trop facile des choses incomprises et du mystère, et par ainsi il est, en même temps que peintre religieux, peintre d'histoire.

Ce mot de peintre d'histoire m'amène à parler de la grande page de Meissonier que possède M. John Balli, *Friedland, 1807,* cette grande aquarelle d'un si beau mouvement et d'une signification si rare.

Meissonier était de son temps, s'il est désormais de tous les temps; et, à la formule dictée par David, amollie par Flandrin et assagie par Ingres, il préféra un rôle dans la légion de ceux qui voulaient un art nouveau, c'est-à-dire un art très ancien, mais modifié par chaque heure tombée au sablier des temps. Seulement, alors que le romantisme de panache et de sentiment sévissait dans son audacieuse, mais passagère splendeur, Meissonier, avec sa raison et sa conscience, voulut dans le romantisme quelque chose de plus solide, de plus vrai, de plus réel : la vie.

La vie ! voilà quelle a été la préoccupation de Meissonier, mais non seulement la vie qui se traduit par un mouvement, la vie aussi qui porte une date, la vie dont le principe change d'aspect avec les races et les civilisations. Meissonier n'est pas un historien, au sens propre du mot, un historien qui fait défiler devant nous les époques où il a fouillé : c'est un chroniqueur tout de verve, d'une vision prodigieusement sincère et juste, qui nous transporte en plein milieu de ces époques.

Certes, je serais tenté de m'arrêter aux autres œuvres de la collection, aux tableaux d'Isabey, de Rosa Bonheur, de Van Marcke, de Harpignies, de Lhermitte, de Schreyer et à l'adorable note de couleur des *Deux Voisines* de Whistler : Mais cela m'entraînerait trop loin, et ce que j'ai dit des uns permet de deviner ce que je souhaiterais dire des autres. Les amateurs d'ailleurs, qui viendront visiter la collection, se rendront compte que les pages précédentes n'ont eu pour but que de contrôler la phrase de Fromentin, plus haut citée : et ce n'est pas un mince mérite pour M. John Balli, de nous avoir fourni une si rare occasion de nous en souvenir.

L. ROGER-MILES

Avril 1903.

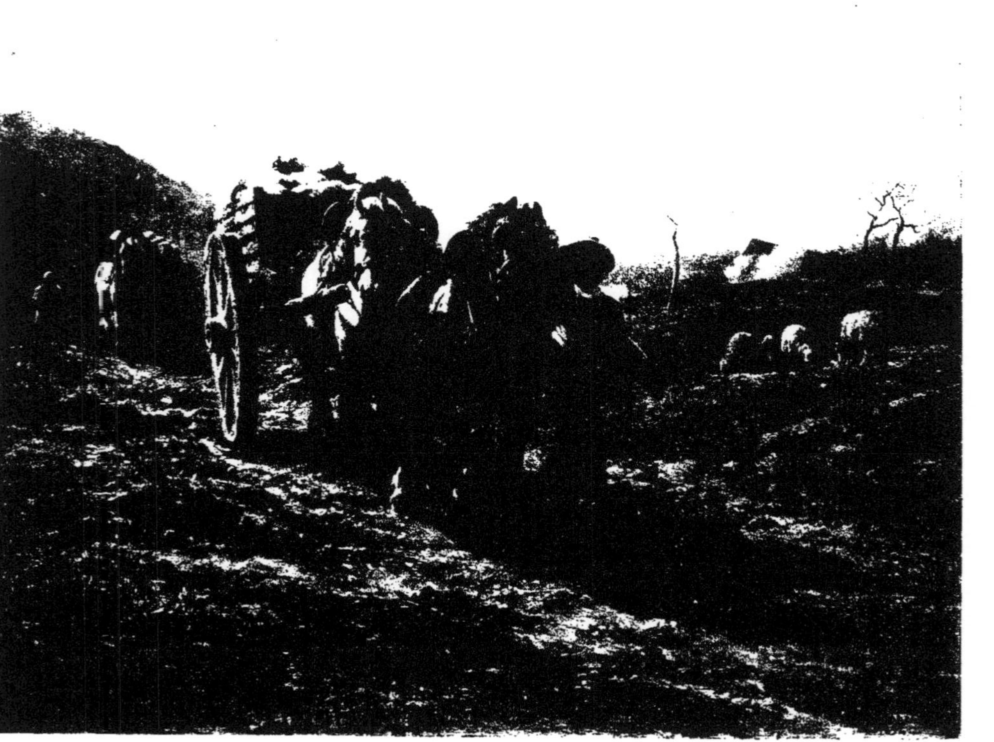
Bonheur Rosa
Le Charretier

Tableaux Modernes

BONHEUR
(ROSALIE, dite ROSA)
1822-1899.

1 — *Les Charretiers.*

Dans la campagne, au sol mouvementé, un charretier
mène son chariot chargé de sacs de plâtre et attelé de
deux chevaux en flèche, l'un blanc, l'autre bai cerise.
A gauche, on aperçoit un autre chariot conduit également
par un homme en blouse. A droite, dans un pli de
terrain, quatre moutons sont en train de brouter l'herbe
verte. Le ciel est clair et ensoleillé au dessus de la cime
des arbres que l'on aperçoit au loin.

Signé à droite, en bas : *Rosa Bonheur. 1854.*

Toile. Haut , 64 cent.; larg., 81 cent.

La date de cette œuvre est très importante dans la carrière dé
Rosa Bonheur. Elle avait eu, en 1853, un triomphal succès avec son
Marché aux chevaux ; et, en 1854, elle vint établir son atelier rue
d'Assas, cet atelier où tous les amateurs vinrent lui demander des
œuvres. On retrouve dans les publications de cette époque de nombreux
articles consacrés à l'artiste en pleine vogue, et nous voulons en retenir
quelques lignes, qui synthétisent nettement son effort d'art.

« L'ensemble des œuvres de Rosa Bonheur, écrivait M. Anatole de
la Forge en 1855, pourrait s'intituler *l'Hymne au travail.* Ici, elle nous
montre le labourage ; là les semailles ; plus loin, la récolte du foin, puis
celle du blé ; et toujours et partout le travail... » Et, c'est bien le travail
dans sa beauté la plus robuste, qu'exprime l'œuvre ici décrite.

COROT
(CAMILLE)
1796-1875.

2 — *La Cueillette à Mortefontaine.*

C'est le matin. A la surface de l'étang glisse une buée
transparente sur laquelle la lumière du soleil qui se lève
secoue comme un poudroiement d'or dont s'enveloppent
les grandes masses feuillues du bois. A droite, au bord
de l'eau, un bouquet de saules semble se pencher,
tendant vers le ciel ses branches qui frissonnent. A
gauche, deux fillettes et une jeune fille sont en train de
cueillir des roses dont les lianes, enserrent, de leurs
étreintes parasites, le tronc d'un arbre à l'écorce
luisante ; et au fond, au-dessus de l'eau, c'est toute
une splendeur : c'est à la fois la grande âme et la grande
sève de la nature, ce par quoi la réalité nous élève
jusqu'au rêve, ce par quoi le rêve nous ramène plus
attendri et plus reconnaissant à la réalité...

Signé à droite, en bas : *Corot.*

Toile. Haut., 65 cent.; larg., 54 cent.

C'est une variante en hauteur de l'œuvre qui fut acquise par l'Etat
au Salon de 1864, et appartient au Musée du Louvre.

Cette œuvre fut peinte après 1864.

Théophile Silvestre, qui fréquenta longtemps chez Corot, nous a
donné sur sa façon de peindre quelques détails d'un intérêt qui n'a pas
vieilli, quoique ces lignes datent déjà d'un demi-siècle.

« Le peintre, écrit-il, fait d'abord son ciel, puis les premières masses
qui s'y détachent au milieu, à droite, ou à gauche ; il cherche ensuite la
combinaison des objets reflétés dans les eaux, s'il y a des eaux, établit
enfin ses premiers plans, de telle sorte que les objets paraissent s'ani-
mer, venir un à un du fond de la toile et se ranger par ordre aux yeux
du spectateur. Quelquefois, il procède avec moins de régularité : il
poursuit en même temps avec persévérance la forme, la couleur et le
mouvement des objets, et parcourt d'un œil inquiet tous les points du
tableau à chaque touche, pour s'assurer qu'elle répond à toutes les
autres. Peindre faux l'épouvante. »

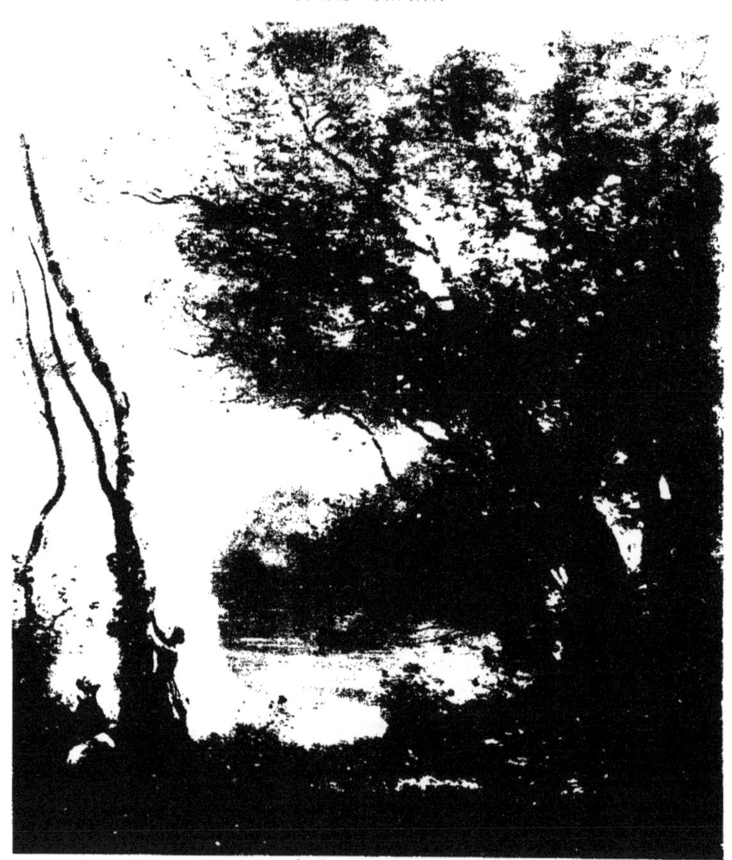

La Cueillette a Mortefontaine

Corot Camille
Souvenir de la Spezzia

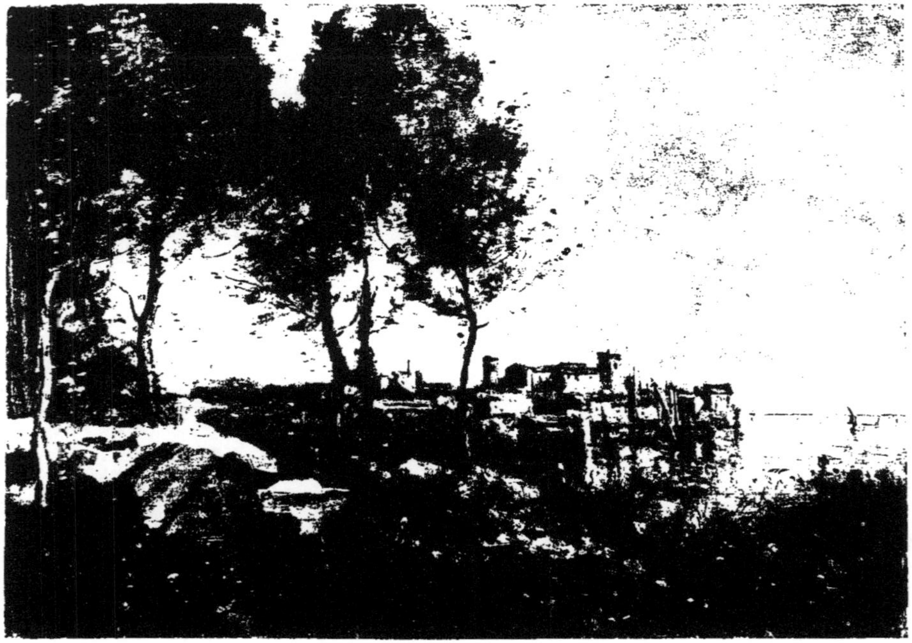

COROT

(CAMILLE)

3 — *Souvenir de la Spezzia.*   41 500

Une page de lumière tendre et de soleil blond. Au
premier plan, parmi les roches embroussaillées, des
arbres dressent leurs troncs souples que le vent fera
fléchir, et balancent leurs panaches feuillus. Vers la
droite, une femme apparaît parmi les herbes, avec un
fichu rouge sur les épaules et un madras jaune sur la
tête : on dirait un coquelicot vivant dans ce cadre attendri de la nature. Devant elle, il y a de l'eau, pleine de
reflets, et plus loin, les constructions coiffées de tuiles
rouges, qui se silhouettent sous un ciel limpide, dont
l'azur transparaît derrière la gaze fugitive des nuées
blanches. A droite, on aperçoit posées sur l'eau, comme
de grands oiseaux, des barques à voiles. Au premier
plan, parmi la verdure, il y a des fleurettes blanches et
jaunes.

Signé à gauche, en bas : *Corot*

Toile. Haut., 32 cent.; larg., 46 cent

Peint de 1865 à 1870.

Collection Monnerot (1879)
Collection Perreau (1880)
Collection Albert de Saint-Albin

COROT

(CAMILLE)

4 — *Le Chemin montant à Gouvieux, près Chantilly.*

Au premier plan, vers la gauche, le chemin apparaît large avec des indications de fondrières et quelques touffes de gazon qui ont résisté aux charrois. Deux femmes sont arrêtées et causent : l'une est debout vue de dos, en son costume décoloré par les pluies, et l'épaule gauche portant une besace ; l'autre est assise sur le sol, vue de profil à gauche, en corsage bleuté, et les cheveux coiffés d'une marmotte claire. C'est le matin, un matin d'été avec un ciel lumineux où sourit le soleil. De chaque côté du chemin qui monte en pente douce, il y a des talus verdoyants, dominés par quelques arbres aux frondaisons légères. Au fond, à l'endroit où le chemin tourne, on aperçoit, à gauche, étagées aux flancs du coteau et à droite, dévallant vers la plaine, les maisonnettes d'un hameau couvertes de tuiles brunes.

Signé à gauche, en bas : *Corot.*

Panneau. Haut., 282 millim.; larg., 372 millim.

Peint vers 1855.

Collection Albert de Saint-Albin.

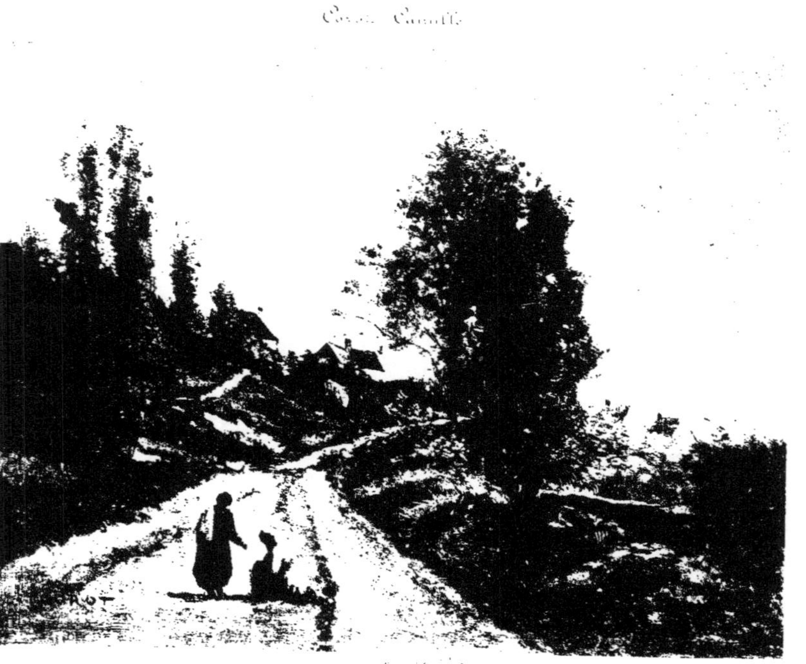

1.º Chemin montant a Gouvieux pres Chantilly

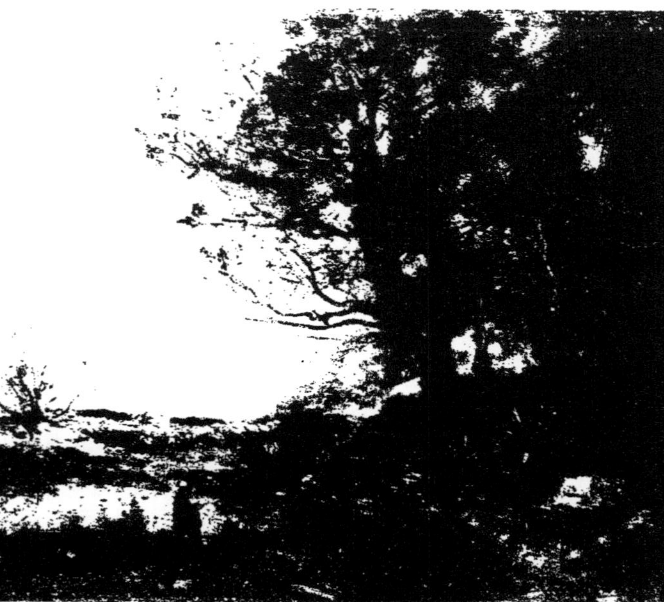

Corot. Camille

Les Vieux Arbres au bord de l'Étang

COROT

(CAMILLE)

5 — *Les Vieux Arbres au bord de l'étang.*

Un coin retiré au bout de l'étang, le coin où l'eau se
fait plus silencieuse quand elle vient heurter les petites
roches du bord. Deux paysans sont arrêtés sur ce bord,
l'un est couché, l'autre est debout. A droite, dominant le
terrain surélevé, un massif d'arbres se dresse penché
au-dessus de l'eau, comme s'il voulait réfléchir à sa
surface, ses branches tordues au bout desquelles frissonnent des feuilles légères. Au fond, à gauche, de
l'autre côté de l'étang, c'est la plaine, puis l'écran du ciel
magnifiquement lumineux pour la course des nuées qui
roulent dans l'espace, fugitives, immenses, diaphanes.

Signé à droite, en bas : *Corot.*

Toile. Haut., 29 cent.; larg., 35 cent.

Dans cette œuvre, il semble bien que Corot ait confié à ses pinceaux,
avec une perfection toujours inégalée, la longue méditation de sa
pensée devant la nature : et cela nous rappelle ces lignes que Dumesnil
consacrait au maître : « Souvent, alors que tous dormaient, Corot restait
dans sa chambre pendant une partie de la nuit, appuyé à la fenêtre
ouverte, absorbé dans la contemplation de l'eau et des arbres. La soli-
tude était complète ; nul bruit ne venait troubler le rêveur sur ce coteau
solitaire ; il passait ainsi de longues heures, l'œil emporté et, sans doute,
la pensée, dans cette atmosphère chargée d'humidité, imprégnée d'une
sorte de moiteur visible faite des vapeurs transparentes et légères qui
s'élevaient au-dessus de l'eau ».

COROT

(CAMILLE)

6 — *Le Secret de l'amour.*

Au bord de la source, à l'ombre d'un massif d'arbres,
la nymphe couchée sur une peau de tigre se repose.
Son beau torse nu, aux formes grasses, émerge d'une
draperie verdâtre qui enveloppe ses jambes et laisse son
pied gauche découvert. Elle allonge vers l'eau son bras
gauche, comme si, de sa main, elle voulait cueillir une
fleur qui s'y réfléchit, et elle appuie sa poitrine ferme,
par un mouvement de la hanche, contre sa main droite,
le bras ployé. Elle a coquettement passé un ruban bleu
dans ses cheveux châtain clair et une boucle d'or pend
à son oreille. Voici qu'un petit amour joufflu, aux
ailes courtes, comme s'il préférait ne point pouvoir
s'envoler de la terre, s'en vient lui conter un secret : il
est tout près d'elle : de ses deux petites mains, il se fait
un cornet devant la bouche, pour que rien n'échappe
de ce qu'il veut dire à la belle personne qui l'écoute.
Et autour d'eux, leur confidence se poursuit dans un
cadre de nature illuminée d'enchantement.

Signé à droite, en bas : *Corot. 1865.*

Panneau. Haut., 49 cent. 1/2 ; larg., 87 cent.

A été gravé à l'eau-forte par Trimolet fils.

Cette page admirable a toute sa signification dans le cycle des
œuvres mythologiques de Corot. A ce sujet, un critique écrivait avec
raison, il y a une vingtaine d'années :

« J'ai répété, avec Ch. Blanc, que Corot était un idéaliste ; et son

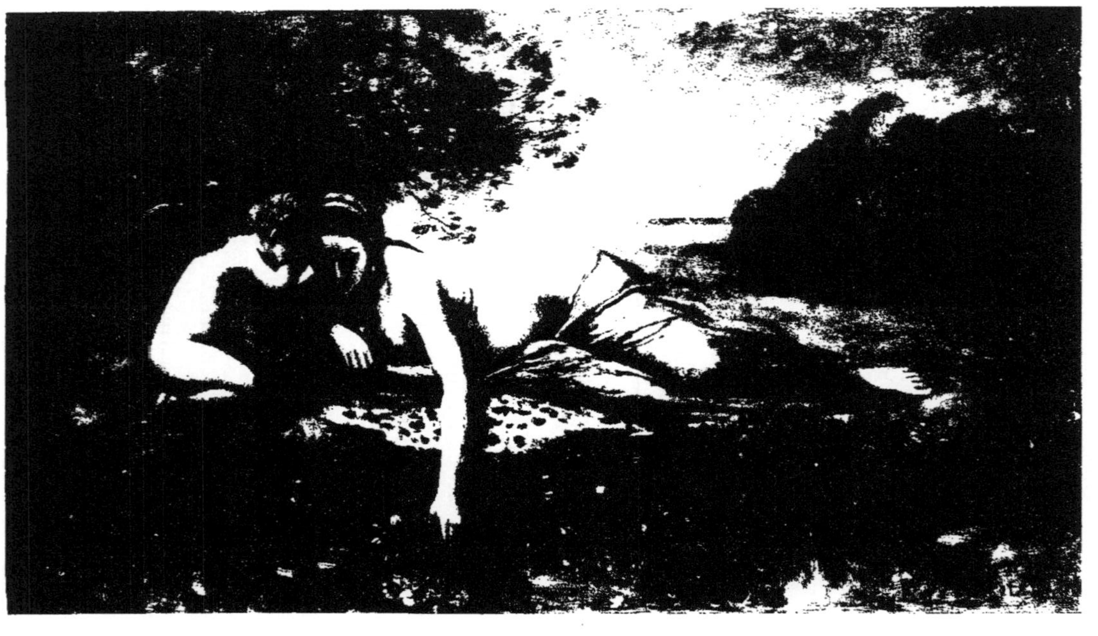

Corot - Camille

Le Secret de l'Amour

idéal, il en avait trouvé l'expression dans l'antiquité grecque et latine, dans Théocrite et dans Virgile. On raconte même que pour lire facilement le texte de Théocrite — la rhétorique ne créant pas des héllénistes rompus à tout le vocabulaire d'Homère et de Pindare — Corot avait longtemps fréquenté au Jardin des Racines Grecques : il s'était imposé ce dur pensum d'apprendre les décades, déchiffrant la langue par la méthode d'étymologie. Rien d'étonnant alors que son imagination. sollicitée par les souvenirs classiques, ait peuplé ses envolées de nature de ces dryades endormies au bord d'un ruisseau, de ces liseuses recueillies dans la fraîcheur des mousses, de ces nymphes au bain. de ces faunes sautillant parmi les bruyères. de ces amours espiègles et bavards, dont l'imprudence fera parfois des amours désarmés... Toutes ces figures — presque des symboles — Corot les inscrivait comme un délicieux point d'orgue dans l'immense symphonie des choses ! »

Collection Barroilhet.

Collection Surville.

Collection Albert de Saint-Albin.

COROT

(CAMILLE)

7 — *La Charrette (souvenir de Saintry).*

Dans la campagne, marquée au milieu par un sentier
qui tourne sur un pli de terrain, la charrette des char-
bonniers est arrêtée ; elle est attelée d'un cheval blanc
vu de face. Une ramasseuse de mourron est debout
près de la charrette. Au premier plan à gauche, un arbre
aux larges branches étendues s'élève au-dessus des
herbes fleuries, et sur son tronc, la lumière met des
luisances tout le long de l'écorce. A droite, au flanc d'un
coteau herbeux, des arbres sont plantés dont les
silhouettes se dessinent sous un ciel lumineux, légère-
ment ennuagé. Au fond, on aperçoit les constructions
du bourg dominées, à gauche, par le clocher de l'église,
derrière lequel l'horizon se heurte à une ligne de
collines.

Signé à gauche, en bas : *Corot, 1874.*

Toile. Haut., 45 cent. 1/2 ; larg., 55 cent. 1/2.

Collection Albert de Saint-Albin.

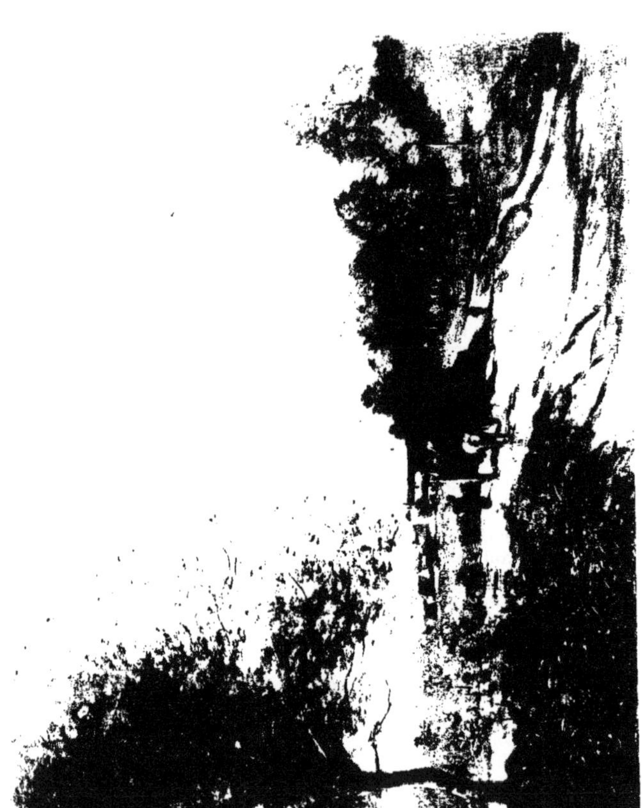

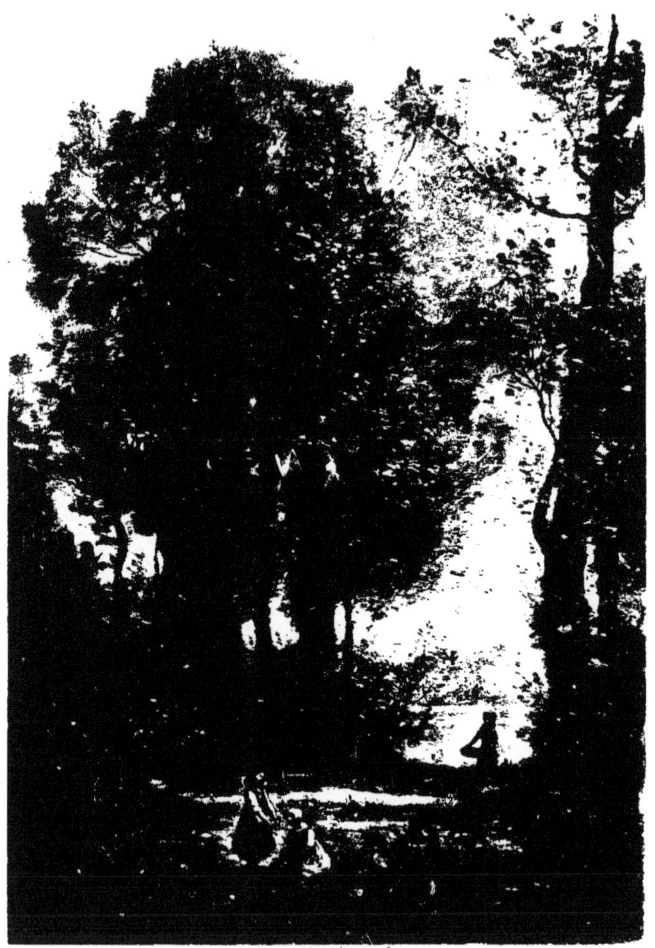

La Cueillette des Marguerites

COROT

(CAMILLE)

8 — *La Cueillette des marguerites.*

Dans la campagne, non loin de l'étang, deux fillettes
viennent de ramasser des fleurs des champs. L'une
d'elles, debout, va vider son tablier dans le panier, posé
sur le sol, de sa compagne en jupe rose, agenouillée.
Une troisième fillette s'en vient de la droite, portant à
deux mains, une corbeille fleurie. Autour d'elles, il y a
de grands arbres, aux feuillages vert tendre, qui se
nimbent de gris sur l'éclatante lumière du ciel. Au fond,
de l'autre côté de l'étang, on aperçoit, au-dessus de la
cime des arbres, une construction blanche.

Signé à droite, en bas : *Corot.*

Toile. Haut., 70 cent. 1/2 ; larg , 48 cent.

Vente Faure (1873, n° 1).

DAUBIGNY

(CHARLES-FRANÇOIS)

1817-1877.

9 — *La Lavandière au bord de l'Oise.*

A droite, au sommet du talus, les maisons du hameau sont construites et disséminées parmi la verdure. Le sol descend en pente verdoyante jusqu'à la rivière d'Oise où une paysanne agenouillée est en train de tremper son linge. Derrière celle-ci, une autre paysanne en tablier et bonnet blanc, remonte vers le hameau, et semble surveiller deux escouades de canards dont l'une s'en va vers la rivière et l'autre s'en éloigne.

A gauche, de l'autre côté de la rivière, à la surface où flottent les nénuphars, on aperçoit la rive boisée et au dessus des arbres, l'horizon, tout illuminé d'un beau jour d'été qui s'achève.

Signé, à gauche, en bas : *Daubigny, 1875.*

Panneau. Haut., 39 cent.; larg., 67 cent

Les deux œuvres de Daubigny, qui font partie de cette collection, appellent toute notre attention, parce qu'elles disent la plus pure inspiration du maitre. On sait avec quelle émotion tendre Daubigny a raconté les bords de l'Oise: autour du petit pays d'Auvers où il avait sa demeure, il a interrogé tous les sites, découvrant, selon le caprice des heures, les coins qui sollicitaient son inspiration, en nous faisant comprendre quelles qualités de simplicité sont requises pour l'expression de la beauté. Point de composition complexe : la vérité, avec ce qu'elle comporte d'imprévu, sans que son œuvre perde l'équilibre : et c'est en cela que Daubigny a été un merveilleux organisateur de pittoresque. Regardez ses bords de rivières, vous reconnaissez le pays sans y être

La Lavandière au bord de l'Oise

allé; vous avez la sensation que le spectacle que vous avez devant les
yeux est bien tel que le peintre l'a vu, et vous goûtez cependant au
charme d'une révélation; c'est que Daubigny n'a pas fait que voir et
que copier; il a compris, il a pénétré dans la vie même des choses, il a
accordé l'expression des images traduites avec les mouvements réfléchis
de son âme à leur aspect; il a trouvé enfin la formule de transposition
qui permettrait d'étendre les objets d'une sensibilité spéciale au concept
de notre sensibilité générale; il a été à la fois réaliste et poète, et cela
en une mesure qui nous oblige de l'admirer et de l'aimer dans son
œuvre.

DAUBIGNY

(CHARLES-FRANÇOIS)

10 — *Le Pêcheur au bord de l'Oise.*

A droite, au milieu de la rivière et non loin d'une bande de canards qui prend le frais, le pêcheur dans sa barque ramène son épervier. A gauche, la berge verdoyante s'élève en pentes douces jusqu'à une entrée de bois, dont les grands arbres dressent, vers le ciel clair, leurs frondaisons épaisses. A droite, au fond, plus loin que la campagne et au-dessus, il y a une belle chevauchée de nuages dans l'éclatante lumière.

Signé à gauche, en bas : *Daubigny, 1877.*

Panneau. Haut., 38 cent. ; larg., 66 cent. 1/2.

Daubigny pinxit

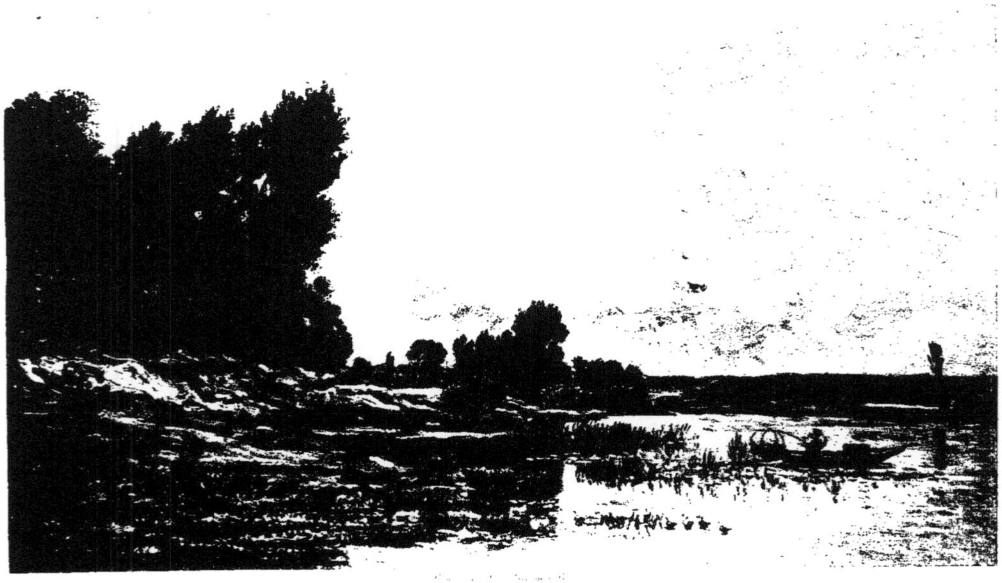

Le Pêcheur au bord de l'Oise

Delacroix - Eugène

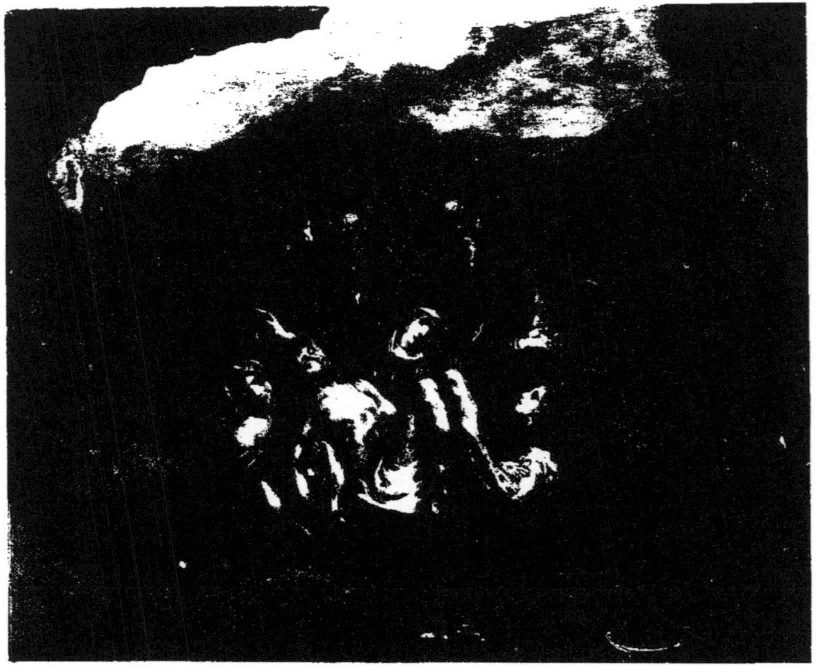

La Mise au Tombeau

DELACROIX
(EUGÈNE)

1798-1863.

11 — *La Mise au tombeau.*

26 760

La Vierge occupe le milieu, portant sur ses genoux le cadavre du crucifié, le torse et les jambes ployées, nues, une draperie blanche enveloppant la ceinture. La Vierge, éplorée, écarte les bras levés dans un geste de renonciation et de douleur. Sainte Marie-Magdeleine, écroulée sur le sol, à droite, retient sur son bras gauche les pieds du crucifié, tandis que de sa main droite, appuyée à terre, elle soulève son torse secoué par les sanglots. Elle est vêtue d'une palla bleue qui s'ouvre sur une stola héliotrope. A gauche, sainte Marie l'Égyptienne, accroupie sur les genoux, soutient Jésus par le bras droit et l'épaule. Elle est vêtue d'une palla marron et d'un voile vert qui glisse le long de l'épaule droite.

Derrière ce groupe principal, qui représente l'idée de la tendresse humaine et du sacrifice divin, se trouvent trois hommes qui, eux, représentent les premiers missionnaires de la foi nouvelle : saint Jean vêtu de jaune, les mains jointes, le visage désolé ; saint Joseph d'Arimathie drapé de vert et de rouge, l'air grave, la tête penchée en avant, le regard ouvert intérieurement comme s'il voyait dans sa pensée l'avenir de l'aurore qui se lève ; à gauche, saint Nicodème en rouge et noir, qui lui, représente la pitié.

A gauche, on aperçoit la pierre dont tout à l'heure on fermera le tombeau ; à droite, la pelle puis les vases où sont contenus les aromates. Au milieu, près de la main du Christ. la couronne d'épines. Le groupe. d'une expression si profondément tragique, se dessine dans un encadrement de grottes ouvertes sur un paysage montagneux.

Signé à gauche, en bas: *Eug. Delacroix, 1837.*

Toile. Haut., 45 cent. 1 2; larg., 35 cent. 1 2.

Cette œuvre appartient au cycle que Delacroix intitulait d'un nom générique *Pieta* et dans ses mémoires, plusieurs fois, il revient sur l'idée complexe qu'il voulait exprimer.

Le tableau ici décrit est celui que Delacroix avait avec lui lorsqu'il peignait la grande fresque de l'Église de Saint-Denis-du-Saint-Sacrement. Dans une note de son journal, à la date du 17 mars 1856, on lit en effet: « Emporter à la campagne..... la *Pieta*, de l'église..... ».

A propos de cette œuvre, M. Ernest Chesneau a écrit:

« Le geste de la mère qui se renverse en étendant les bras en croix est une idée de génie. Les affres de la passion tout entière sont contenues dans ce mouvement d'une énergie et d'une grandeur terrifiantes. Les attitudes des apôtres, des saintes femmes la tête tombante, la pose du corps privé de vie qui s'affaisse les jambes reployées; l'obscurité crépusculaire qui enveloppe la scène; tout cela plonge l'âme dans un recueillement dont on s'arrache avec peine. Rien n'a échappé au penseur, rien de la sombre poésie de ce drame lugubre et douloureux ».

A été gravé à l'eau-forte par Massard et par Hédouin.

Vente Laurent-Richard (1878).

Catalogue Robaut, n° 769.

Catalogue A. Moreau, p. 96.

Collection Albert de Saint-Albin.

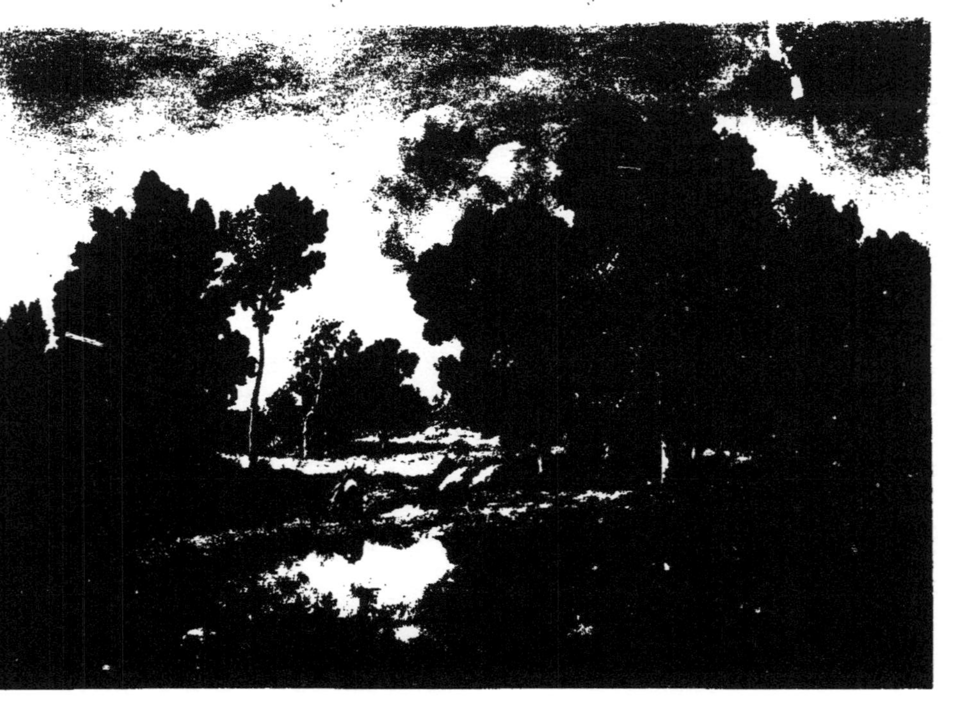
Diaz de la Peña   Narcisse Virgile
La Bûcheronne

DIAZ DE LA PENA
(NARCISSE-VIRGILE)
1807-1876.

12 — *La Bûcheronne.*

Dans la forêt où le ciel tout d'azur a trouvé pour
miroir une mare à l'eau frissonnante, une bûcheronne
s'éloigne d'un pas traînant et lassé, portant sous son
bras le fagot qu'elle vient de nouer. Elle est vêtue d'un
corsage bleu, d'une jupe noire sur laquelle se rabat un
tablier blanc ; elle est coiffée d'un bonnet blanc. Et son
reflet dans la mare est comme le reflet d'une fleur au
milieu de ceux des grands arbres aux panaches pleins
de vigueur et de jeunesse qui se dressent vers le ciel
magnifiquement ennuagé.

Signé à droite, en bas : *N. Diaz, 62.*

Toile. Haut., 45 cent.; larg., 65 cent.

Voici un jugement d'un contemporain de Diaz, qui s'applique absolument à la belle œuvre du maître, ici reproduite :

« Les meilleures peintures de Diaz, dit-il, sont, à mon goût, ses
paysages, étudiés sinon à fond, du moins rapidement préparés d'après
nature dans les plus beaux sites de la forêt de Fontainebleau. Les
endroits que l'artiste y fréquente de préférence sont : le Bas-Bréau, où
les chênes séculaires semblent, dans leur imposante vétusté, avoir
ombragé les sanglants sacrifices des druides et balancé les boucliers des
guerriers gaulois ; les gorges d'Apremont dont les endroits les plus
pittoresques et les plus sauvages ont été, dans ces derniers temps, bou-
leversés par des semis de pins ; la vallée de la Solle, pleine d'accidents,
de caprices énergiques, et plantée de hêtres, de bouleaux et de chênes
entrelacés et mystérieusement confondus. L'artiste a peint souvent les
grès, les mousses, les bruyères de ce pays de serpents, et fait poudroyer
le soleil à travers les vieilles et inextricables frondaisons. »

4

HARPIGNIES

(HENRI)

Né en 1819.

13 — *Le Petit Pêcheur.*

Un paysage austère : des roches accumulées au hasard comme après une bataille de titans. Un torrent qui coule, brodant d'écume blanche les pierres jetées dans son lit. De grands arbres dont le tronc puissant se penche, pour avoir, pendant des siècles, subi, mais triomphant, l'assaut des tempêtes ; et dans cette nature dont le mouvement témoigne de tant de tragédie, un petit bonhomme calme, qui, d'une ligne patiente, tente le goujon.

Aquarelle.

Signée à gauche en bas : *H. Harpignies.*

Haut., 41 cent.; larg., 75 cent. 1/2.

Le Petit Pêcheur

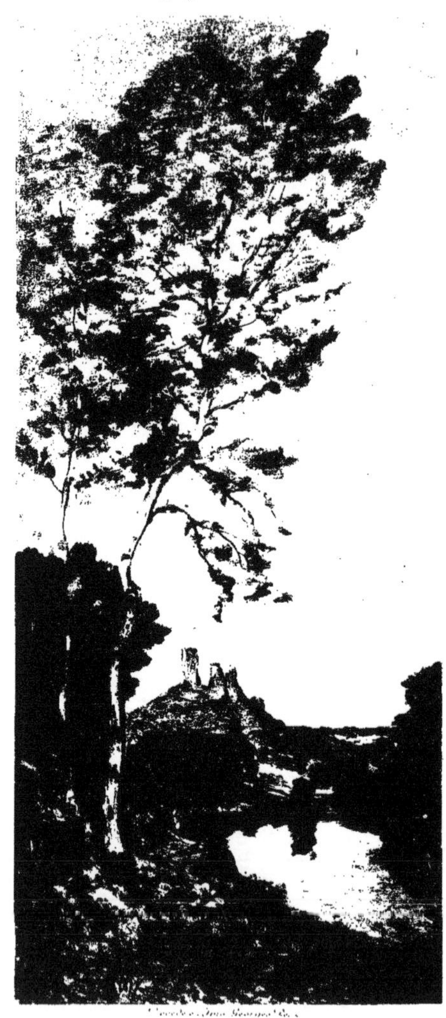

Les Ruines du Château Gaillard

HARPIGNIES

(HENRI)

14 — *Les Ruines du Château-Gaillard.*

Au premier plan, à gauche, sur un pli de terrain qui
domine une eau pleine de reflets d'azur, quelques arbres,
aux troncs vêtus d'écorces lisses, se dressent, balançant,
au bout de leurs branches souples, des frondaisons rares
et légères. Tout près de ces arbres, une bonne femme
en fichu rouge et un bonhomme en blouse bleue, l'une
assise, l'autre debout, sont en train de causer.

De l'autre côté de l'eau, tout en haut de la montagne,
les ruines se silhouettent, comme des géants vaincus,
sur l'écran du ciel plein de clarté, et au-devant duquel
s'envolent des nuées blanches.

Signé à gauche, en bas : *H. Harpignies, 1877.*

Panneau. Haut., 81 cent. 1 2; larg., 34 cent. 1 2.

ISABEY

(EUGÈNE-LOUIS-GABRIEL)

1804-1886.

15 — *Pendant le sermon.*

Tandis que dans la chaire, qu'on aperçoit à droite, à
l'ombre des piliers, l'orateur sacré parle aux fidèles qui
se pressent dans la grande nef, deux femmes de qualité,
l'une jeune, l'autre d'un âge mûr, semblent répondre
avec une silencieuse insolence au salut très humble d'un
coquet gentilhomme vêtu de rose. Et l'homme qui, à
gauche, offre le goupillon d'eau bénite, assiste avec
curiosité à cette scène muette. A droite, des pauvres
gens sont assis au pied d'un autel.

Au fond, au-dessus d'une porte de style roman, un
vitrail est tout illuminé dans l'ogive d'une fenêtre que
surmonte un tympan décoré de fresques. Une grande
lumière éclaire les figures du premier plan.

Signé à droite, en bas : *E. Isabey, 71.*

Toile. Haut., 61 cent.; larg., 45 cent. 1/2.

L'œuvre d'Isabey ici décrite est si complète, qu'elle permet de
comprendre ce qu'a été tout l'effort du maître, et vers quelle pensée
générale tendait son concept, au cours de la seconde étape de sa carrière.
Si l'on veut bien saisir pourquoi Isabey s'est attaché avec tant de bonheur à la figuration d'un « autrefois » ressuscité de quelque Brantôme,
il ne faut pas se contenter de penser qu'il trouvait, dans la variété et
le luxe des costumes, des éléments d'accord avec ses appétits de
coloriste. Il faut se souvenir qu'il subissait le charme de l'évolution
provoquée par Viollet-le-Duc, qu'il partageait la curiosité rétrospective
d'un Lenoir, penché sur les monuments des siècles disparus et leur

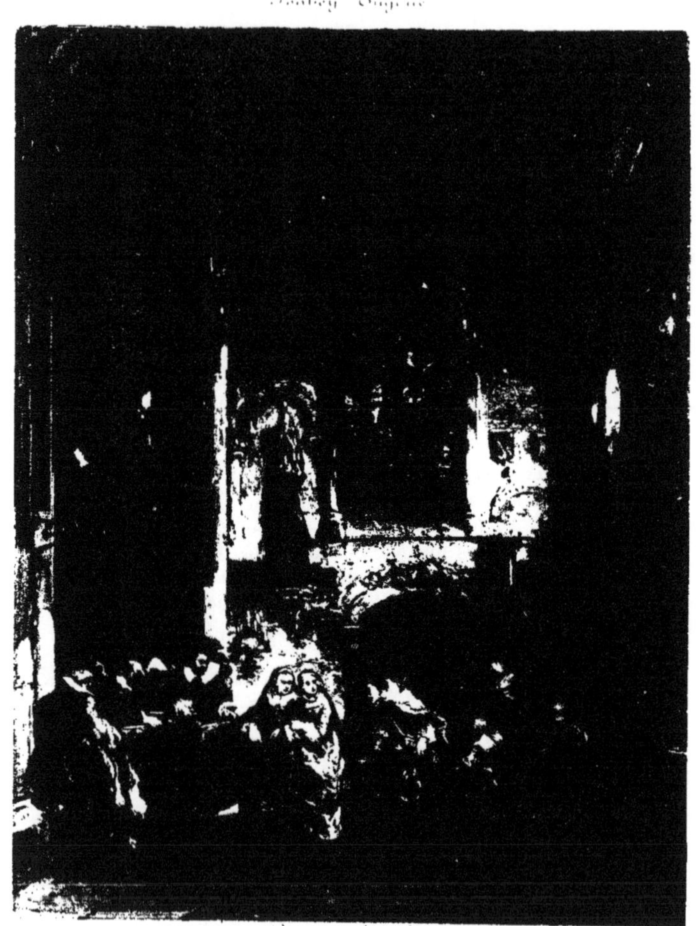

Pendant le Sermon

demandant le secret de l'histoire pour la révélation des mœurs sociales
d'antan. Dans cette atmosphère, où en compagnie des héros de Balzac,
de Mérimée, de Victor Hugo, de Dumas, de Musset, on revivait avec
tant d'ardeur et de génie la chronique du passé, Isabey ne résista pas
à la tentation : il voulut apporter sa contribution à l'effort commun qui
tendait à s'enivrer d'une débordante imagination, plus qu'à parfaire des
conquêtes archéologiques ; il chercha — avec quelle verve infatigable !
on en a la preuve ici — les types qui aideraient le mieux à ressusciter,
dans ses tableaux, les races effacées : il trouva, pour que les costumes
ne fussent pas des anachronismes, les caractères physiologiques des
individus à qui il les faisait porter : et c'est ainsi qu'il chanta, brillam-
ment, hautainement, sa chanson féodale, en des pages admirables,
telle que celle qui est ici reproduite.

Collection Albert de Saint-Albin.

LHERMITTE
(LÉON)

16 — *La Prière.*

Une pauvre église de campagne : devant l'autel, des
femmes sont en prière, assises, agenouillées sur les
dalles, ou accoudées à la table sainte. Il y en a de jeunes,
en bonnet blanc, dont la foi supplie pour l'avenir. A
l'écart, sur un banc de bois, il y en a une vieille, toute
de noir vêtue, et dont la foi ne doit être que l'ardent
soutien d'un passé plein d'épreuves : ce sont les étapes
différentes de la vie, toujours la même, la vie également
et irrésistiblement entraînée vers la tristesse, vers le
deuil, vers l'espoir...

Signé à droite, en bas : *L. Lhermitte.*

Toile. Haut., 31 cent. 1/2; larg., 43 cent. 1/2.

Lhermitte Léon

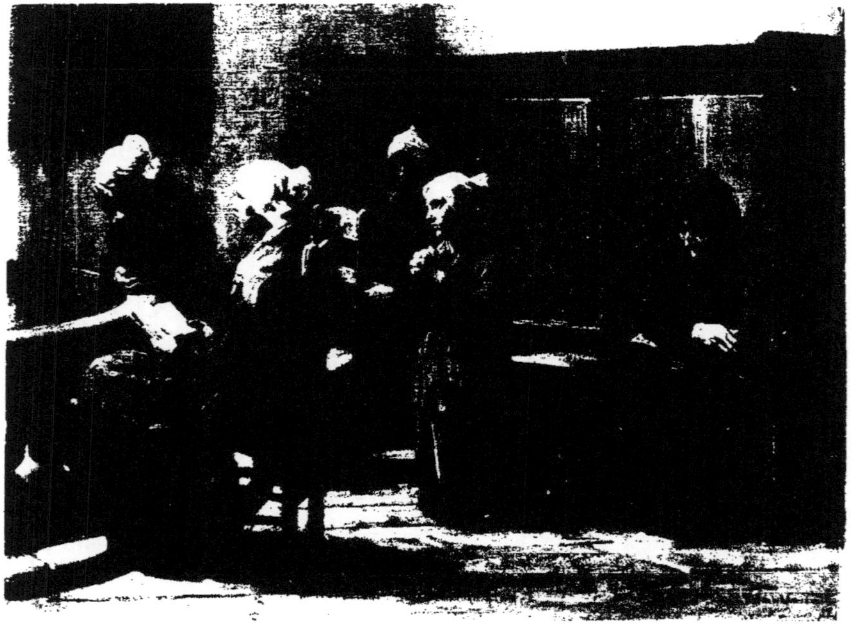

La Prière

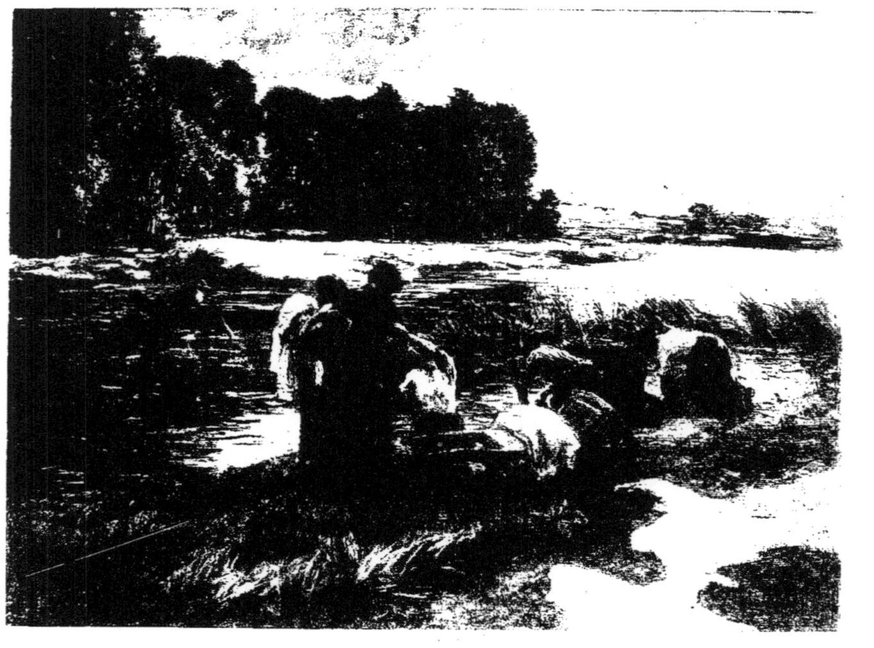

Lhermitte   Léon
Laveuses au bord de l'eau

LHERMITTE
(LÉON)

17 — *Laveuses au bord de l'eau.*

Au bord de la rivière, les laveuses sont occupées les unes à battre leur linge, d'autres à causer, tandis que leur brouette attend d'être chargée. Près de la rive opposée, plantée de grands arbres, un pêcheur passe dans sa barque. Le ciel est lumineux et fait frissonner ses reflets à la surface de l'eau, d'où émergent de place en place des roseaux.

Pastel.

Signé à gauche, en bas : *L. Lhermitte.*

Haut., 47 cent.; larg., 64 cent. r 2.

Les deux pastels de Lhermitte, qui font partie de la collection, méritent qu'on s'y arrête, parce qu'ils permettent l'analyse du talent de l'éminent académicien, en ce qu'il a de plus suggestif.

Si Lhermitte va chercher dans la campagne des documents, s'il interroge dans ses détails le pittoresque qui frappe son regard, les arbres aux troncs divers, qui tantôt s'élancent fiers vers le ciel, tantôt semblent porter avec peine le dôme de leurs frondaisons épaisses sur leurs troncs bossués de mille tortures, les champs aux moissons ondulant en nappes d'or, les grandes lignes des routes et des sentiers se croisant au milieu des cultures, les rivières qui déroulent leurs rubans argentés et frissonnants entre des rives chevelues d'herbes vives, ou plantées de saules aux feuillages retombants; si dans la verdure, il voit surgir les maisonnettes disséminées, aux coiffures de toits rouges, aux murs blancs, dont le vent, la lumière et les années rongent le crépi: s'il met, pour leur emprunter des termes de comparaison, les saisons et les heures, les matins clairs, les midis rutilants, les soirs illuminés, les hivers enlinceullés de neige, les étés que le soleil, majestueux et fantastique, embrase de son foyer irradiant, les printemps pleins de murmures et de sourires, les automnes qui parlent de tendresse, de sèves mûres et de mélancolies; s'il note ce monde, cet infini, cette immensité, s'il ne leur demande pas des modèles à copier servilement, il leur demande des sensations, des émotions, des harmonies, et ce qu'il nous dit dans ses tableaux, ce sont ces harmonies, ces sensations, ces émotions!

LHERMITTE
LÉON

18 — *Le Benedicite.*

Dans un intérieur paysan, les hôtes sont autour de la table. Deux hommes, le chapeau sur la tête, sont assis, ainsi qu'une femme coiffée d'un bonnet à rubans et que deux fillettes. Une autre femme, debout, les mains jointes, est en train de réciter le *Benedicite*. Au fond, une petite fenêtre laisse pénétrer la lumière, qui vient papillonner sur les poteries et ustensiles dont la table est chargée.

Pastel.

Signé à gauche, en bas : *L. Lhermitte, 1897.*

Haut., 49 cent.; larg., 62 cent.

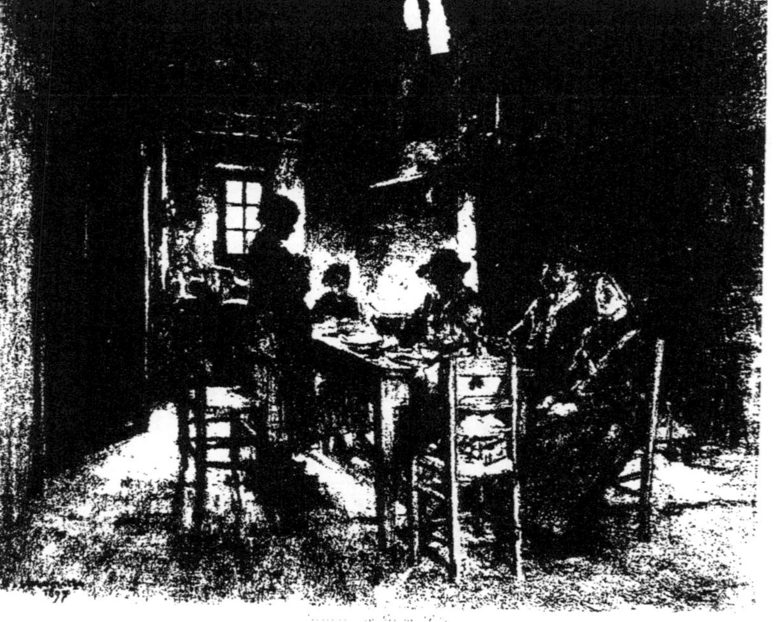

Le Bénédicité

Meissonier (Ernest)

Friedland 1807

MEISSONIER
(JEAN-LOUIS-ERNEST)
1811-1891.

19 — *Friedland, 1807. — Anniversaire de Marengo.*

A gauche, sur un tertre, l'Empereur, en selle sur un
cheval blanc, soulève son bicorne devant les troupes qui
l'acclament ; autour de lui, un nombreux état-major :
en avant, du même côté, une escorte de guides ; à droite,
dans une charge furieuse, les cuirassiers, le sabre haut
levé, passent en jetant à l'Empereur, dans un cri
d'enthousiasme, toute leur âme de vaillants, pleins de
foi dans le chef qui a fait d'eux des héros.

Aquarelle.

Signée à gauche, en bas : *E. Meissonier, 1888.*

Haut., 1 m. 46; larg., 2 m. 55.

Cette page, glorieuse dans l'œuvre de Meissonier, est une des
plus nobles que le maître ait consacrées à la mémoire du grand Empereur. Gustave Larroumet, qui a étudié avec soin Meissonier, a écrit
au sujet de son épopée napoléonienne, quelques lignes, qu'il n'est pas
inopportun de citer ici :

« Meissonier, a-t-il écrit, a donc choisi les soldats de l'Empire
comme des types achevés, et il les a ressuscités pour nous, avec les
rides de leur front, les plis de leurs uniformes, l'aspect de leurs armes,
l'allure de leurs corps incrusté sur la selle, par les chevauchées épiques
de leurs jambes guêtrées pour des marches surhumaines.

» Meissonier recherchait par-dessus tout le *caractère*, c'est-à-dire
la marque spéciale, l'empreinte expressive que la nature, la profession,
l'habitude, l'action prolongée des mêmes circonstances et du même
genre de vie impriment à l'être humain. Il aimait les soldats, parce
que, entre tous les métiers, celui des armes est celui qui façonne l'homme
de la manière la plus impérieuse, qui pétrit son corps et son âme, d'une
main particulièrement rude et puissante. Or, en aucun temps, le soldat
ne fut plus soldat que sous le Premier Empire. Songez que, parmi ces
dragons, ces cuirassiers et ces chasseurs, les plus vieux étaient en ser-
vice depuis 1781, et que beaucoup avaient porté l'habit blanc des
troupes royales, puis l'habit bleu des levées républicaines, puis les uniformes étincelants de la garde impériale... »

5

ROUSSEAU

(THÉODORE)

1812-1867.

20 — *La Mare à l'entrée de la forêt.*

A droite, et au premier plan, la plaine s'étend, calme de mouvement, avec des bruyères rares, avec des roches basses, ouatées de mousse, avec quelques arbres dont les frondaisons de loin en loin s'arrondissent comme des bouquets de verdure mordorée. Un sentier, traversant la plaine, aboutit à une mare d'où une paysanne s'en revient de laver son linge. A gauche, c'est la forêt avec son décor magique, puis au-dessus c'est la splendeur d'un ciel où le soleil joue sa plus grandiose tragédie : des nuages immenses et découpés qui se torment et se déforment en glissant devant la source de la lumière ; c'est tout un monde d'êtres et de choses qui apparaissent puis se fondent dans le silence plein de murmures de cette nature en fête.

Signé à droite, en bas : *Th. Rousseau.*

Panneau. Haut., 34 cent. 1/2, larg., 45 cent.

On sait quelle place occupe Théodore Rousseau au premier rang de l'École française de 1830. Ceux qui ne le connaissent pas pourraient se faire une idée de son génie, rien qu'en examinant le chef-d'œuvre de la collection Balli. Il nous a semblé que nul autre ne pouvait commenter cette œuvre maîtresse, que celui qui a le mieux aimé Rousseau, au moment où le maître était en butte à toutes les attaques de son temps, et nous voulons reproduire ici une page contemporaine de ces

Rousseau Théodore

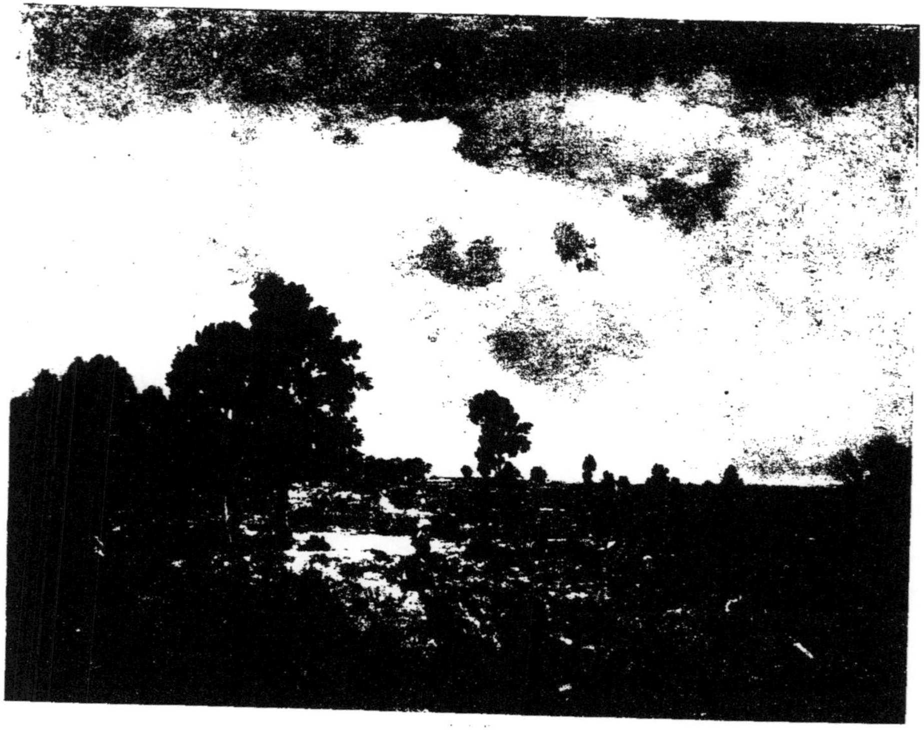

La Mare à l'entrée de la forêt

années de batailles, où Thoré-Burger, avec une foi inébranlable et un
enthousiasme raisonné, célèbre le génie du peintre :

« Le génie de Rousseau, s'écrie-t-il, c'est l'effet ! Les effets dans la
nature, c'est comme les émotions dans l'homme : cela va depuis une
impression douce et passagère, jusqu'aux secousses violentes et aux
passions furieuses : depuis un petit mouvement atmosphérique jusqu'à
la tempête : depuis une pâle éclaircie dans un ciel orageux, jusqu'aux
éclats splendides des soleils couchants.

» Rousseau a su peindre tous les caprices et tous les accidents, tous
les drames et toutes les excentricités de la nature : la pluie, le vent, la
bourrasque, la rosée, le givre, la neige : le matin, le soir, le plein midi:
le soleil qui va se lever, et le soleil qui descend derrière l'horizon :
l'hiver et l'été, l'automne surtout, et même le printemps. »

Et l'on a ici une de ces plus belles harmonies, une de ces impres-
sions vraies que le maitre illustre avait reçu avec émotion, et dont il
nous fait partager l'émotion d'auguste sérénité, avec une véritable
magie de couleur.

SCHREYER
(ADOLPHE)

1828-1899.

21 — *La Troïka à la porte de l'isba.*

L'hiver : la neige, le sol blanc, le chaume de l'isba également ouaté de neige et l'air profond, glacé, lourd.

A la porte de l'isba, le chariot aux roues épaisses est arrêté, attelé en troïka, de chevaux isabelle, bai et bai brun, qui soufflent de toute la force de leurs naseaux. Un moujick debout est en train de rattacher leur courroie. Une vive lumière éclaire les premiers plans.

Signé à droite, en bas : *Ad. Schreyer.*

Toile. Haut., 354 millim.; larg., 45 cent.

Schreyer Adolphe

L'Arrivée à la porte de l'Isba

Troyon Constant.

TROYON

(CONSTANT)

1810-1865.

22 — *La Mare au pied de la ferme.* (*Très beau*)   46 500

L'été : des caresses d'or filtrant à travers les branches
et venant papillonner sur les murs de la ferme et à la
surface de l'eau.

Au premier plan, sous cette lumière radieuse, des
oies prennent leurs ébats, et, le cou levé, le bec rouge,
semblent heureuses de cette fraîcheur et de cette gaîté
de lumière. Derrière les oies se dresse, comme une tour
carrée, l'angle de la ferme dont le mur s'enfonce dans
l'eau pleine de reflets, et plus loin, à droite, c'est un
bois aux frondaisons épaisses, avec des ombres profon-
des où doivent fermenter les sèves.

Signé à gauche, en bas : *C. Troyon.*

Toile. Haut., 72 cent.; larg., 90 cent. (?).

Troyon a conçu l'interprétation de l'animal en dehors de toutes les
conventions admises de son temps : il en a fait comprendre les races,
il en a pénétré les instincts, il en a senti pour ainsi dire la psychologie :
car, en définitive, jamais on n'a complètement résolu la question de
l'âme des bêtes, et la philosophie la plus rationnelle ne nous défend
pas d'accorder aux bêtes une âme dont elles manifestent l'action par
des effets indéniables !

Nul, plus que Troyon, n'a su nous intéresser à ces êtres qui nous
apparaissent silencieux, alors que nous ne comprenons pas leur mi-
mique : à ces êtres dont la vie est si intimement liée à la nôtre, et
dont le regard porte, pour qui l'observe, des effarements, de la malice,
et des recueillements. Il les a magnifiés en ses toiles d'une réalisation
simple et noble, dans tous les actes de leur évolution terrestre, dans
leur servitude plus résignée qu'inconsciente. Il a composé avec eux
des chapitres d'existences, où les jours et les heures et les saisons
traçaient des drames et des comédies : il les a enveloppés de paysages
largement conçus et brossés où leur splendeur rayonne.

VEYRASSAT

(JULES)

1828-1893.

23 — *Les Chevaux du haleur.*

Sur la berge, le long de la rivière, l'homme assis, vu de dos, a arrêté ses chevaux et attend la venue des chalands à haler. L'un de ses chevaux, bai cerise, est vu de profil à gauche : l'autre, blanc, presque de face. Les figures se silhouettent sur un fond de paysage ensoleillé.

Signé à gauche, en bas : *J. Veyrassat.* 76.

Toile. Haut., 46 cent.; larg., 66 cent.

Peyranne Jules
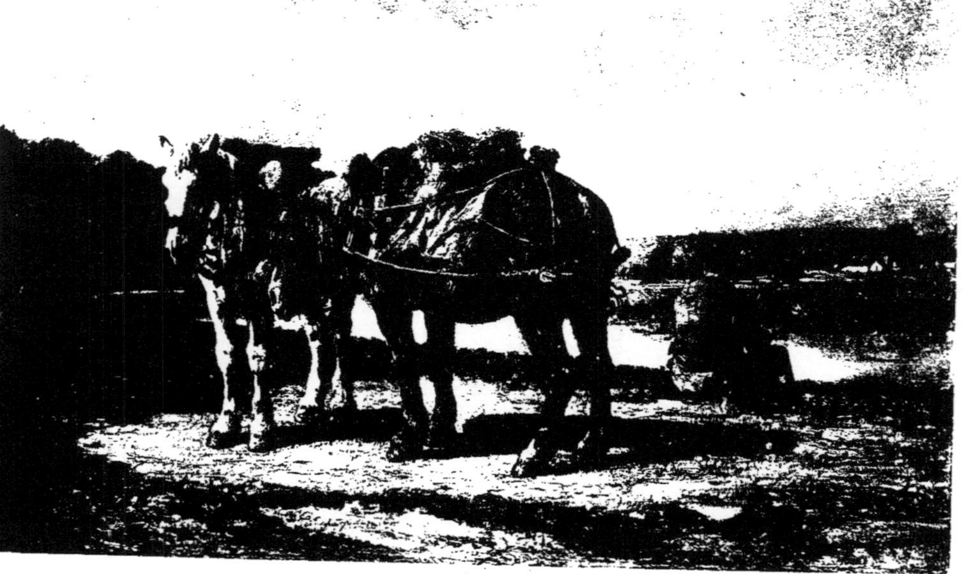
Les Chevaux du Halage

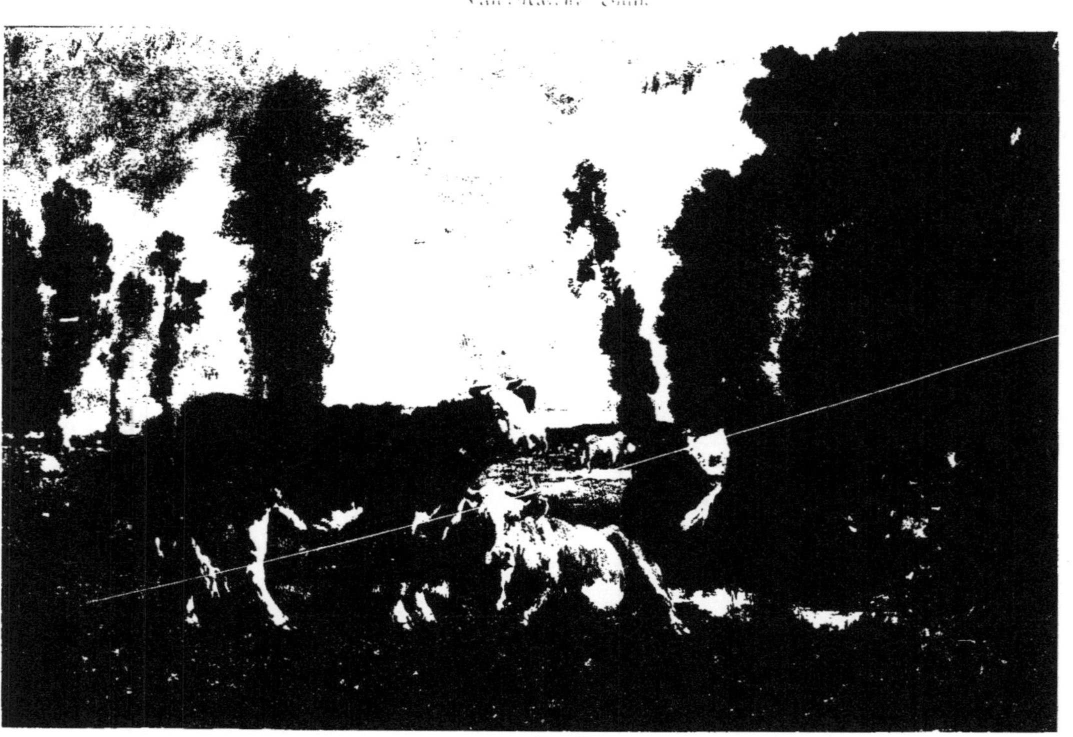

Van Marcke. — Essai.

Vaches au pâturage

VAN MARCKE

(EMILE)

1827-1890.

24 — *Vaches au pâturage.*

Dans le pré, planté de place en place de peupliers et
limité à droite par les premiers massifs d'arbres de la
forêt, les vaches sont au pâturage. Il en est de couleur
isabelle, noire taché de blanc, brune, blanche : les unes
sont debout de profil à droite, ou de trois quarts,
d'autres couchées de trois quarts à gauche ou de dos :
les unes hument l'air de leur mufle humide, les autres
se désaltèrent dans l'eau pleine de reflets d'un ruisseau
qui serpente entre des rives resserrées et fleuries. Le
ciel est tout d'azur derrière les larges et transparentes
écharpes des nuées.

Signé à gauche, en bas : *Em. van Marcke.*

Toile. Haut., 76 cent.; larg., 1 m. 16 1 2.

Van Marcke, qui, ainsi que les plus illustres de ses confrères
contemporains, connut la lenteur du succès, nous apparaît aujour-
d'hui comme un des plus grands animaliers du XIXe siècle. Il eut,
comme Troyon, la science et la compréhension de l'animal, et il l'a
représenté avec une vérité qu'on ne saurait trop admirer ; mais, tandis
que Troyon était souvent tragique, parce que l'interprétation de la
nature n'allait pas chez lui sans un effort qu'il ne jugeait pas suffisam-
ment reconnu par le public, Van Marcke met de la joie dans son labeur :
il manifeste en prodigue son bonheur de peindre : il n'avait pas eu à
vaincre les résistances morales qui avaient gêné Troyon à ses débuts, et
il avait trouvé devant lui une voie ouverte par son maître, une voie
à laquelle il sut, par la suite, donner un développement magnifique.

WHISTLER
JAMES Mc NEILL
(Né 1834)

25 — *Les Voisines.*

A la porte de leur maisonnette, deux femmes sont debout. L'une appuyée contre le chambranle de la porte ouverte, l'autre adossée à une fenêtre. A gauche, une fenêtre paraît éclairée par la blancheur des rideaux.

Signé à gauche, au bas de la fenêtre, des trois points que l'artiste avait adoptés comme signature.

Panneau. Haut, 21 cent. 1/2; larg., 12 cent. 1/2.

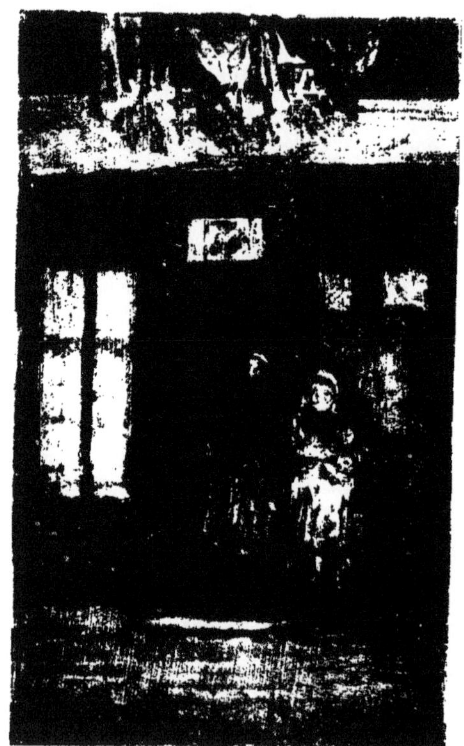

BIBLIOTHÈQUE NATIONALE DE FRANCE

* * * *

CHATEAU DE SABLÉ

1997